# Dans le Souffle du Vent

*Présences et Reflets du Vivant*

# Dans le Souffle du Vent

*Présences et Reflets du Vivant*

Poèmes

*Clara Delagni*

Relecture : Clara Delagni
Correction : Clara Delagni
Autres contributeurs : Clara Delagni

Édition : BoD · Books on Demand, 31 avenue Saint-Rémy, 57600 Forbach, bod@bod.fr
Impression : Libri Plureos GmbH, Friedensallee 273, 22763 Hamburg (Allemagne)

ISBN : 978-2-8106-2968-8
Dépôt légal : Mars 2025

*« Le temps poursuit son inexorable voyage, emportant les âmes dans le murmure du vent. Et même si parfois la montagne s'efface, la mer se calme, la forêt s'endort et les rivières s'égarent, tout renaît ailleurs, malgré soi, porté par le cycle infini de l'existence »*

# Sommaire

# L'appel de la Mer

La mer appelle, vaste et profonde,
Emportant les marins sans retour
Loin des rivages, au bout du monde,
Vers des terres sauvages, sans détour.


Le vent gonfle les voiles blanches,
Dans le chant de l'onde rythmant les cieux,
Sous l'horizon, l'aube s'épanche
Et le soleil s'élève, embrasant les lieux.


Les étoiles brillent, témoins discrets
D'un voyage sans fin, d'un rêve égaré,
Seul compagnon, la coque qui craque
Et l'eau fouettant les flancs fatigués.


Les embruns dessinent sur leurs visages,
Le fil du temps, le sel du courage,
Portés par l'infini dans le souffle du vent,
Les marins défiant l'océan, fièrement.


Il n'y a plus de terre, ni de port,
Juste la mer, ses secrets et l'effort,
Le ciel vaste rempli de rêves qui s'effacent,
Emporté dans le silence du temps et de l'espace.

# Le Capitaine et la Sérénité

Au bord de l'horizon, sous l'ombre du vent,
Le capitaine prit la mer, fort, sous le ciel captivant ;
Il vogua sans retour, l'âme lourde, bien que remplie d'espoir,
Cherchant dans les vagues, un lieu au cœur de la nuit noire.

Les années passèrent, la mer tantôt calme, et tantôt cruelle,
Les tempêtes rugissaient, la route se fit rebelle,
Mais lui, sans faillir, continua de voguer
À la recherche d'un port, d'un havre sacré.

La paix, sans cesse il l'appelait, dans la sérénité perdue,
Loin des bruits du monde, loin des rives attendues.
Mais ses voiles se déchirèrent, son navire chavira,
Sous le ciel sans étoiles, il s'échoua dans la brume, là.

Le capitaine, épuisé, chercha en vain le repos,
Au cœur de la nuit, son esprit fit écho.
Et, dans le silence, une silhouette apparut,
Un voyageur des âmes, une lumière suspendue.

"Je viens te sauver," dit l'étrange visiteur,
"De cette mer sans fin, de cette quête intérieure.
La paix n'est pas loin, elle réside en toi,
Cesse de chercher, capitaine, repose-toi."

Le capitaine, enfin, ferma les yeux, le corps fatigué,
Il trouva dans le vent une paix qu'il n'avait jamais imaginée.
Et la mer, qui l'avait fait se perdre, le berça doucement,
Lui offrant, dans la nuit, un éternel apaisement.

# Liberté...

Attiré par l'immensité de paysages en floraison,

Que le sablier du temps sculpte au fil des saisons,

L'homme plonge inexorablement le regard à l'horizon,

Se dirigeant vers des contrées aux mille toisons.

Corps balloté par des flots d'humeurs mouvementées,

Sous une myriade d'étoiles intangible de liberté,

L'homme insignifiant se trouva déconcerté,

A ce moment prit conscience qu'il ne peut accepter,

Dans l'ivresse du moment songer à une alternative,

D'une vie en monochrome couchée sur diapositives.

Le tourbillon de la mémoire le plonge vers l'autre rive,

Une vie remplie de souvenirs partis à la dérive ;

Plus de compromis, l'homme en toute conscience doit agir,

Ouvrir une percée à travers la rocaille pour  ne pas mourir,

Se hisser, ramper jusqu'à des sommets qu'on ne peut décrire.

Seul, l'homme qui a vu le reflet de son âme aux mille visages,

Connaît la beauté précieuse de tous ces paysages sauvages.

L'homme fatigué mais apaisé par tant de voyages,

Ferme les yeux et se remémore l'instant où il a eu le courage,

De changer le cours de sa vie figée comme un long-métrage.

Il se retrouva serein, marchant au bord du rivage,

Sentant sous ses pieds la caresse des fleurs venues des alpages,

Ne faisant plus qu'un avec la nature et ces paysages sauvages,

Pour s'envoler au soleil couchant vers une liberté sans ancrage.

# Vers l'horizon

La mer emporte les cœurs vaillants,

Vers l'horizon, loin des tourments,

Sous chaque vague, un rêve ardent,

Un souffle léger et enivrant.

# Refuge d'âme

Dans le silence des nuits où tout se dérobe,
Quand le vent murmure des secrets à l'aube,
L'âme s'éveille, comme une douce forteresse,
Offrant ses bras à qui cherche la tendresse.

Là, où le monde se brise en mille morceaux,
Elle s'étend, comme un infini tombeau,
Mais non pour la mort, et ni même pour l'oubli,
Pour devenir un sanctuaire pour l'âme en sursis.

Viens poser ton fardeau dans son creux profond,
Elle entend tes sanglots, sans demander ton nom.
Dans ses couloirs, la lumière qui s'égare,
Mais toujours renaît une lueur d'espoir.

Elle devient le port quand l'océan rugit,
Le doux abri dans l'éclat des nuits,
Le feu discret sous un ciel glacé,
L'écho paisible d'un cœur effacé.

Et toi, voyageur des terres en détresse,
Tu trouves en elle un flot de promesses,
Dans un lieu secret, d'un souffle apaisé,
Où ton âme pourra enfin se reposer.

# Assis sur le Sommet du Temps

Assis sur le sommet de l'aiguille,
L'homme enveloppé par l'abîme de ses pensées,
Loin, à l'écart de ce monde qu'il a fui,
Dans le bruit assourdissant, cadencé,
Du mouvement insaisissable du temps,
Les aiguilles  ne cessent de se balancer.
Tic-tac, emplit sa tête d'un bruit obsédant,
Le regard vide, se dirigeant vers l'horizon,
A travers les grilles, d'une pièce bien sombre,
Un champ de fleurs en floraison,
Une forêt d'arbres, et puis, des ombres
Cherchant un paysage en suspension.
Soudain, un cliquetis de clés dans le couloir,
Ramenant l'homme, dans la prison de son âme,
De l'aiguille du temps, tomber dans le désespoir,
Ses souvenirs de paysages qui s'enflamment,
L'homme vidé d'illusion, s'écroule en larmes,
Trop longtemps enfermé dans ce lieu infâme,
Seul souvenir cette femme remplie de charmes,
Marchant dans ce couloir dénué d'état d'âme.
Tic-tac, fait l'horloge sur ses souvenirs,
Ferme la fenêtre de son âme tournée vers l'horizon.
Un dernier mouvement, et puis un soupir,
L'homme en sursaut a perdu l'essence même de la raison.
Trop longtemps resté dans ce monde inconsistant,
Oubliant  la chaleur d'un amour réconfortant.
Tic-tac, l'horloge se referme sur son âme,
Laissant pour seul souvenir son doux visage.
A l'horizon, s'évapore en une nuée de nuages,
Dans un bruit assourdissant, sans état d'âme.
L'homme s'écroule, entouré de ses pensées qui survolent,
Trop tard, tic-tac, le sablier vidé de sa substance, s'envole.

# Face au Temps...

Impuissance face au temps,

Espoir fugace d'un moment,

Dans le brouillard de la nuit,

L'instant présent qui s'enfuit,


Prisonnier de cette torpeur,

Frôlant le miroir de la peur,

L'âme captive par l'absence,

Perdant une once de résilience,


S'envahit peu à peu de noirceur,

Se relevant dans la douleur,

Espoir, un moment de douceur,

Retrouver le chemin du bonheur.

# Se Perdre parmi les Cimes

Se perdre parmi les cimes, dans un monde de tourments,
Où le vent souffle fort, écho des bruits étouffants,
Les pas s'enfoncent dans la terre, l'âme bien lourde,
Cherchant à fuir le tumulte, cette vie si sourde.

Les montagnes se dressent, immobiles et sages,
Elles portent en elles le fardeau des âges,
Leurs cimes effleurent un ciel devenu sans fin,
Tandis que moi, perdu, je cherche mon chemin.

Les pierres sous mes pieds, le froid sur ma peau,
Tout semble m'oppresser, tout semble un fardeau,
Mais chaque pas me rapproche de ce havre,
Où le silence efface mes douleurs, mes entraves.

Le vent murmure des secrets de liberté,
Dans le souffle des arbres, j'ai trouvé la clarté,
Le regard se pose sur un chalet solitaire,
Un refuge, un abri, loin de la misère.

Je m'y glisse enfin, dans sa chaleur tranquille,
Le bois crépite sous la flamme fragile,
Au cœur de la montagne, majestueuse et calme,
Dissipe en moi tous les tourments de l'âme.

Ici, je respire, et je m'abandonne,
Le poids des années s'efface, mon corps frissonne,
Dans ce lieu où la nature offre ses bras,
Je suis en paix, je suis enfin moi !

# Les Couleurs de L'âme

Dans les brumes épaisses où s'égare la tristesse,
Elle danse, fragile, au gré de la faiblesse.
Ses larmes s'égouttent comme des perles d'ennui,
Et le monde se voile d'un éternel gris.

Mais parfois, au détour d'un éclat de lumière,
La joie s'invite, douce et passagère.
Elle éclate en rires, en bonds, en éclairs,
Transformant le vide  en vibration de l'univers.

Quand la tempête gronde et que tout nous oppresse,
Le refuge s'élève, apaisant la détresse.
Un abri de silence, un cocon, un réconfort,
Où l'âme éreintée trouve enfin un port.

Là, dans ce havre, un amour inconditionnel,
Comme une étoile éternelle, qui éclaire le ciel.
Il ne connaît ni fin, ni doute, ni détour,
Il est tout, il n'est rien, il est l'épure du jour.

Ainsi va la vie, entre ombre et clarté,
Un ballet d'émotions où tout est lié.
Tristesse, joie, refuge, amour sans égal,
L'âme s'y nourrit d'un voyage spectral.

# Au Sommet du Défi

L'odeur du rocher, âpre et brute,
Poussière et mousse, parfum d'altitude,
Éveille l'âme du grimpeur en lutte,
Cherchant la voie dans l'inquiétude.

Sous ses doigts, la pierre s'offre et glisse,
Froide et rugueuse, douce et fuyante,
Chaque prise est un pacte, une esquisse,
Un espoir fragile, une étreinte hésitante.

Un pied s'élève, l'autre s'ancre,
Le souffle court, le cœur qui bat,
Là-haut l'appel, d'un rêve vertical,
Dans un vertige qu'il domptera.

La peur chuchote, sourde et forte,
Mais une voix la couvre et le rassure,
Un nœud solide, une main qui porte,
L'assureur veille, une promesse sûre.

Plus haut encore, courage et souffle,
Corps en tension, danse d'acier,
Le vide en bas, le vent qui souffle,
L'instant se fige, l'instant est clé.

Et puis enfin, le ciel, le rêve,
Un dernier pas, une dernière étreinte,
Là-haut, l'infini se lève,
Victoire arrachée, ivresse peinte.

Les yeux s'ouvrent, l'âme chavire,
Le monde s'étale, grandiose et pur,
Là où la pierre tutoie l'empire,
Le grimpeur exulte, libre et sûr.

# Le Vagabond

Vagabond au détour des chemins,

Parcourant les cimes au matin,

Dans la douceur du soleil levant

Sur une vaste prairie se reflétant,

Aux teintes dorées et verdoyantes,

Un bouquet aux senteurs apaisantes.

L'herbe douce et folle, caressant

Les pieds de l'homme se hissant,

Une brise, un soupir et l'effort,

Pas à pas, arrivant près du bord

D'un sommet se tenant là,

Majestueux, imposant, bien là.

Dans un silence déconcertant,

Le vent se leva, soufflant

Aux oreilles du vagabond,

Qui, surpris fit un bond,

La montagne avait un cœur,

Vivant à travers l'esprit des voyageurs,

Entoura le badaud tendrement

Dans ses bras réconfortants,

L'homme à l'esprit si tourmenté,

Se vit épris de liberté,

S'émancipa de ses terribles peurs,

Et enfin, accéda au sommet du bonheur.

# Clapotis dans l'eau

Allons sauter dans les ruisseaux,

Un sac de folies sur notre dos.

Faisons des petits sauts dans l'eau,

En se chuchotant de jolis mots.

Profitons de chacun de ces instants,

De la douceur de vivre, il est bien temps.

Écoutons la nature offrant ce beau moment,

Du calme, de la sérénité et de l'apaisement.

Jetons des petits cailloux dans le ruisseau,

Etendons-nous dans la prairie au bord de l'eau,

Respirons la caresse des parfums sur notre peau,

Clapotis dans l'eau, de la douceur, des jolis mots.

# Là-haut

Là-haut, elle embrasse les nuages et le ciel,

Tournant sans trêve au rythme des saisons,

Entraînée par le chant des vents vagabonds,

Comme le soleil, sur les hommes, veille.

# Mille hivers

Depuis mille hivers, il défie les âges,

Ses racines ancrées dans l'ombre sauvage.

Sous l'ample frondaison où le temps se suspend,

Il a vu les hommes s'effacer lentement.


Un linceul de mousse enserre son écorce,

Vestige sacré d'une antique épopée.

Dans la brume danse un mystère sans force,

Où murmure l'écho des âmes oubliées.

# Le Vent Souffle

Le vent souffle puissant, emportant les douleurs,

Balayant les peines, semant des couleurs.

Il gronde dans l'air, un furtif cri de liberté,

Et tout ce qui pèse s'en va, avec légèreté.


Dans une danse légère, le monde renaît,

Un souffle nouveau, un espoir secret.

Les cieux s'éclairant, les ombres s'effaçant,

Le vent souffle fort, l'espoir prend sa place.


Et dans son sillage, l'avenir s'éveille,

Un monde nouveau où tout brille et veille.

Les peines envolées, comme des feuilles mortes,

Le vent vers d'autres lieux, nous emporte.


Il roule, tourbillonne, puissant et vibrant,

Chassant la nuit sombre, ramenant le levant.

Le vent, messager de ce qui est à venir,

Nous guide, nous porte, vers un avenir à bâtir.

# Repos d'Automne

Sur les monts aux cimes rousses,
Le vent glisse et fait plier
La forêt, sombre et douce,
Que l'or d'octobre vient ensommeiller.

Les épicéas en flamme ardente
Rougissent sous le ciel changeant,
Leur feuillage lentement danse,
Tourbillonnant comme un serment.

Les cerfs silencieux s'éclipsent,
Les marmottes ont fui le froid,
Dans les bois que l'ombre tapisse,
Tout s'endort, sous le soleil qui décroit.

Et nos yeux gardent en mémoire
Ces éclats rouges et dorés,
Avant l'hiver, dernier grimoire
Que l'automne vient refermer.

# Près de toi...

Sur un tapis d'étoiles, je me suis allongée,
Tenant ta main, je me suis mise à songer,
Dans de doux rêves, je me suis enlacée,
Bercée par le chant des étoiles, la nuit passée.

La brise effleurait les cimes endormies,
Les feuilles dansaient sous l'or qui s'enfuit,
La forêt veillait, baignée de mystère,
Sous le doux frisson d'un souffle éphémère.

Les lueurs d'automne éclairaient nos âmes,
Comme un feu léger aux reflets de flammes,
Et dans ce silence aux teintes vermeilles,
Nos cœurs s'envolaient, bercés par le ciel.

Puis vint le matin, éclatant et pur,
Emportant la nuit d'un frisson trop sûr,
Mais sous les ramées aux ors chavirés,
Un rêve d'étoiles pour rester enlacé.

# L'arbre Silencieux

Dans le silence d'un hiver pur et glacé,

Un arbre centenaire se dresse, isolé.

Ses branches nues effleurent le ciel d'azur,

Recouvert d'un manteau de neige, il murmure.


Les hommes, pris dans le tourbillon du bruit,

Ont oublié la douce mélodie de la nuit.

Leurs pas précipités écrasent la neige,

Leurs voix s'élèvent en un vacarme sans trêve.


L'arbre, ancré profondément dans la terre,

Puise sa sagesse de ses racines dans l'atmosphère.

Il se souvient des saisons passées,

Des feuilles frémissantes, des oiseaux chantant la paix.


Dans un souffle, il entonne une mélodie douce,

Une chanson pour les âmes perdues des hommes.

Ses notes flottent dans l'air froid, portées par le vent,

Se glissant entre les bruits du monde, un appel constant.


L'arbre, témoin silencieux du passage du temps,

Offre son ombre et sa sagesse à ceux qui l'écoutent.

Dans le calme de la neige, il attend patiemment,

Que les hommes se souviennent de la beauté du monde vivant.

Ainsi, l'arbre centenaire, solitaire et majestueux,

Continue de chanter sa mélodie, espérant que,

Dans le silence de la neige, les hommes entendront l'appel,

Et enfin s'uniront à la nature, jadis oubliée.

.

# Ma Terre nourricière

J'enlace la terre, douce et vivante,
Son souffle ancien sous mes doigts danse,
Humide et chaude, elle me hante,
Me lie au monde en silence.

L'odeur profonde monte en volutes,
Mélange d'ombre et de lumière,
Mousse et racines, brume et chute,
Un chant secret sous la poussière.

Sous mes pas l'humus soupire,
Le cri d'un merle fend le bois,
Chaque feuille tremble et m'inspire,
Chaque pierre parle tout bas.

Je suis le vent, je suis la sève,
Le fauve en chasse, l'eau qui dort,
Entre l'instant et le grand rêve,
Je me défais, je me rends fort.

La terre absorbe et me libère,
Je suis en elle, elle est en moi,
Dans l'équilibre, dans la lumière,
Dans l'infini d'un même émoi.

# Errance

Le chemin de l'errance

N'a d'égal que la patience.

Sur la route de la trance,

Champi et connivence,

Pour atteindre la délivrance.

Aïe ! Attention la résurgence

Des sentiments en adhérence.

Allez, charger dans l'ambulance

Les maux en cadence.

Oust ! Cette existence

Qui n'est qu'obsolescence.

Adieu l'évanescence

D'un monde sans consistance,

Rempli de méconnaissances.

Allez ! Faisons une révérence,

Vivons en pleine conscience

Pour atteindre la renaissance.

# Sang, Humour et Décadence,

Il était temps que l'on danse,

Sur la tête d'un bourreau en trance,

Venant de remplir sa panse,

L'air arrogant, plein de suffisance,

Qui n'avait de condescendance,

Pour une créature sans substance.

Il n'était de toute évidence,

Dépourvu de clairvoyance,

Quand la créature sans défense,

Transformant sa douleur en puissance,

Pour ressortir des ténèbres de sa panse,

Ouvrit ses ailes avec magnificence,

Emportant le prédateur dans l'ignorance,

Ne se méfiant, du frêle, sans résistance,

Qui avait en sa substance,

Force, courage et résilience,

Dans un monde sans bienveillance.

# Le Faux Poète

Je ne suis pas Verlaine,

Et encore moins Baudelaire,

J'écris ces quelques vers,

Tricotés sur bas de laine.

Poète connaissant la misère,

De mon âme, je suis le capitaine,

Mais je rampe, comme un ver de terre,

Mon cœur n'est que porcelaine.

Me dispersant dans l'atmosphère.

Sous le fracas des coups de haine,

Je m'entoure de douces prières :

S'évaporer à la shakespearienne

Ou sortir la tête de la poussière ?

La décision paraît bien cornélienne,

Pour un instant bien éphémère !

Se libérer, briser les chaînes,

Pour quelques pièces vers la lumière.

# L'Ombre de mon amour

Dans le silence clair des jours qui s'effacent,

Je te contemple, toi, lumière qui passe.

Tu marches, inconscient dans les éclats de mon âme,

Chaque pas ravive un brasier que je réclame.


Je t'aime, et mon cœur, prisonnier de mes pensées,

S'élève en silence dans un murmure discret.

Mon regard à l'horizon, flèches d'or qui cherchent ton ciel,

Se brisent sur ton mur, glacé mais éternel.


Je suis là, tout près, ombre fidèle et douce,

Un éclat d'étoile qui sous ton pas s'émousse.

Et pourtant, tu ne vois, dans l'éclat de mes yeux,

Que l'écho du vide, un appel silencieux.


Je t'aime, mon poète, mon rêve, mon déluge,

Et dans cette attente, je deviens refuge.

Je suis la pluie fine qui caresse tes jours,

Mais jamais l'averse qui t'éveille à l'amour.


Ainsi, j'attends, liée par mes chaînes d'or,

Espérant qu'un souffle, qu'un signe encore,

T'éveillera enfin au chant de mes pleurs,

Et fera de mon ombre ton temple du bonheur.

# Laisse s'envoler les souvenirs

Dans le creux de ta main,

Ton souffle s'est envolé !

Je ne peux me résoudre

A te laisser voler,

Dans un pays lointain

Où nos rêves sont bien loin,

Sur le chemin d'un destin

Devenu bien incertain,

Un écho, un murmure, rien.

Un dernier espoir en vain.

Avec l'ange du destin,

M'arrachant à ta main,

Je voudrais en découdre

De ces sordides liens,

Emportant tous les maux

D'une vie sans lendemain,

Empruntant un chemin

Où nos rêves sont chagrins,

Dans l'obscurité du destin,

Sans un mot, s'est éteint.

# Le Jour se lève

J'ai entendu le merle siffler,

Qui murmurait, le jour s'est levé.


J'ai vu le papillon s'envoler,

Ses ailes brillaient de mille teintes dorées.


La brise dans les arbres chantait,

La gentiane et le ciel se reflétaient.


J'ai entendu au loin les moutons bêler,

Et les chiens de berger les rappeler.


A cet instant, je me suis émerveillée,

Et j'ai pris un temps pour respirer.

# Un Pont vers l'avenir

Il lie les cœurs et les destins,
Ombre du soir, éclat du matin.


D'un pas léger, l'espoir s'élance,
Derrière lui dort la souvenance.


Sous l'or du jour, tout recommence,
La nuit murmure en alternance.


On y devine un vent d'ailleurs,
Portant la voix des voyageurs.


Chaque empreinte y laisse un écho,
Un doux serment, un dernier mot.


Parfois tremblant sous l'inconnu,
Parfois témoin d'un temps perdu.


Mais qu'il s'efface ou qu'il demeure,
Il bat au rythme des âmes sœurs.


Un fil tendu entre les âges,
Un seuil ouvert sur d'autres pages.

# La route...

Les jours s'étirent en longs silences,
Des nuits sans toi, vides d'essence.
La pluie fredonne sur ma peau,
Un refrain triste, un chant trop beau.

La route ondule sous nos pas,
Serpent d'espoir, fil de départ.
Chaque virage porte en secret
L'ombre d'un hier trop discret.

On se retrouve, instant fragile,
Un feu qui brille, une île en exil.
Mais l'heure file et nous dévore,
L'éphémère toujours s'endort.

Alors les larmes sous la lumière,
Dernier écho, ultime prière.
Mais au matin, le ciel s'embrase,
Le soleil peint l'or sur l'ardoise.

Et dans l'éveil d'un jour nouveau,
Le bonheur danse, léger, beau.
Car même perdus, brisés, épars,
On renaît ainsi toujours quelque part.

46
STOP